Inhalt:

Was Ihnen verschwiegen
werden sollte

REINKARNATION
Eine Gnadengabe des Lebens

Wohin geht die Reise
meiner Seele?

Gabriele-Verlag
Das Wort

2. Auflage November 2011

© Gabriele-Verlag Das Wort GmbH

Max-Braun-Str. 2, 97828 Marktheidenfeld
Tel. 09391/504-135, Fax 09391/504-133
Internet: http://www.gabriele-verlag.de

Druck: KlarDruck GmbH, Marktheidenfeld

ISBN 978-3-89201-273-3

Zur Einführung

„Urchristentum – für oder wider?" Unter diesem Thema fanden sich im Herbst 2007 einige Urchristen im Universellen Leben zusammen, um sich in einer Reihe von Gesprächsrunden über brennende Fragen der Zeit auszutauschen, etwa: „Klimakatastrophe – ist diese Welt noch zu retten?", oder: „Warum greift Gott nicht ein?" Im Verlauf dieser Gesprächsrunden, die Gabriele, die Prophetin und Botschafterin Gottes für unsere Zeit, maßgeblich prägte, wurde das Weltgeschehen aus der Sicht des Inneren Christentums, der Inneren Religion des Jesus von Nazareth, beleuchtet, die mit dem äußeren Machtgehabe des Kirchen-Imperiums nichts gemein hat.

Dabei geriet auch die Frage in den Blickpunkt, ob die Menschheit nicht gegenwärtig etwas „auslöffeln" muss, was sie sich selbst eingebrockt hat. Diese Erkenntnis ist weit weniger erstaunlich als die Tatsache, dass nur so wenige Menschen sich bewusst zu sein scheinen, dass ihr zerstörerisches oder gleichgültiges Verhalten gegenüber der Natur und gegenüber ihren Mitmenschen nicht ohne Konsequenzen bleiben kann. Die offenbar weit verbreitete Einstellung „nach mir die Sintflut" zeugt von einem fatalen Mangel an Einsicht in geistige Zusammenhänge, vor allem was den Sinn des menschlichen Lebens, seinen Ursprung und sein Ziel betrifft. Hier wurde wichtiges geistiges Wissen, das Jesus von Nazareth, unter anderem anknüpfend an die großen Propheten des Alten Bundes, auf diese Erde brachte, den Menschen vorenthalten.

Gabriele fasste einen wesentlichen Teil dieses Wissens in dem Satz zusammen: »*Wir spüren, dass wir nicht von dieser Welt sind, sondern dass die Welt nur ein Durchgangslager ist für jeden von uns, gleich, ob er ein Bettler ist oder ein König. Wir spüren, dass wir aus dem Reich Gottes kommen und durch Christus, durch Seine Erlösertat, wieder zurückkehren ins Vaterhaus, zu unserem wahren Sein, als reine Wesen der Liebe aus Gott.*«

Was geschieht nach dem Leibestod des Menschen? Kann die Seele des Menschen sich erneut einverleiben – und unter welchen Umständen, mit welchem Ziel? Und wie verschwand das Wissen um das Leben nach dem Tod, um Karma und Reinkarnation aus dem christlichen Abendland? Diese Grundfragen der Menschheit sind gerade angesichts der weltweiten Klimakatastrophe von existentieller Bedeutung – denn sie entscheiden über unsere Einstellung nicht nur gegenüber unserem eigenen Leben, sondern auch gegenüber dem Leben um uns.

Im Folgenden findet der Leser eine leicht gestraffte Zusammenfassung zweier Gesprächsrunden zu den Themen „Leben nach dem Tod" und „Reinkarnation". Aus den Beiträgen der teilnehmenden Urchristen entstand ein fortlaufender Text, der den Leser mit hineinnimmt in ein lebendiges Gespräch, in dessen Verlauf alle wichtigen Fragen nicht nur gestreift, sondern – durch das weit geöffnete geistige Bewusstsein Gabrieles – in einzigartiger Weise vertieft werden.

Marktheidenfeld, im April 2008
Gabriele-Verlag Das Wort

Das Leben,
das ich selbst gewählt

Ehe ich in dieses Erdenleben kam,
ward mir gezeigt, wie ich es leben würde.
Da war die Kümmernis, da war der Gram,
da war das Elend und die Leidensbürde.
Da war das Laster, das mich packen sollte,
da war der Irrtum, der gefangennahm.
Da war der schnelle Zorn, in dem ich grollte,
da waren Hass und Hochmut, Stolz und Scham.

Doch da waren auch die Freuden jener Tage,
die voller Licht und schöner Träume sind,
wo Klage nicht mehr ist und nicht mehr Plage,
und überall der Quell der Gaben rinnt.
Wo Liebe dem, der noch im Erdenkleid gebunden,
die Seligkeit des Losgelösten schenkt.
Wo sich der Mensch, der Menschenpein
entwunden, als Auserwählter hoher Geister denkt.

Mir ward gezeigt das Schlechte und das Gute,
mir ward gezeigt die Fülle meiner Mängel,
mir ward gezeigt die Wunde, draus ich blute,
mir ward gezeigt die Helfertat der Engel.
Und als ich so mein künftig Leben schaute,
da hört' ein Wesen ich die Frage tun:
Ob ich dies zu leben mich getraute,
denn der Entscheidung Stunde schlüge nun.

Und ich ermaß noch einmal alles Schlimme –
„Dies ist das Leben, das ich leben will!",
gab ich zur Antwort mit entschloss'ner Stimme
und nahm auf mich mein neues Schicksal still.
So ward geboren ich in diese Welt,
so war's, als ich ins neue Leben trat.
Ich klage nicht, wenn's oft mir nicht gefällt,
denn ungeboren hab' ich es bejaht.

(Unbekannt; wird Hermann Hesse zugeschrieben.)

Woher kommen wir?
Wohin gehen wir?

Viele Menschen stellen sich diese Fragen gar nicht mehr. Sie begnügen sich damit, dass sie von ihren Eltern gezeugt wurden und sich jetzt eben durchs Leben schlagen müssen, ohne sich viele Gedanken über den Sinn ihres Lebens zu machen. Man will erfolgreich sein und das Leben nach Möglichkeit genießen. Eines Tages wird man sterben. Was danach kommt, bleibt für die meisten im Dunklen – soweit sie überhaupt an ein Leben nach dem Tod glauben.

Woher kommt eigentlich diese Gleichgültigkeit und Abstumpfung? Waren die kirchlichen Antworten auf die grundlegenden Fragen des Lebens so unerträglich, dass man lieber gar nicht mehr wissen wollte, woher man kommt und wohin man geht? Nach kirchlicher Lehre entsteht nämlich die Seele des Menschen bei der Zeugung. Was aus dieser Seele dann wird, entscheidet sich im Laufe eines mehr oder weniger kurzen irdischen Lebens. Wurde das Kind in die Kirche hineingetauft, so hängt angeblich alles davon ab, ob es als Heranwachsender und als Erwachsener den kirchlichen Lehren folgt und die von den Priestern angebotenen Sakramente empfängt. Geschieht dies nicht, droht der Seele unweigerlich ewige Verdammnis:

„Wer nicht die ganze kirchliche Überlieferung annimmt, die geschriebene wie die ungeschriebene, der sei ausgeschlossen." (Neuner-Ross, *„Der Glaube der Kirche in den Urkunden der Lehrverkündigung",* Randnummer 85) Und wer „ausgeschlossen" ist, der landet nach katholischer Lehre im ewigen Höllenfeuer: Die Kirche *„... glaubt fest, bekennt und verkündet, dass »niemand außerhalb der katholischen Kirche, weder Heide« noch Jude noch Ungläubiger oder ein von der Einheit Getrennter – des ewigen Lebens teilhaftig wird, vielmehr dem ewigen Feuer verfällt, das dem Teufel und seinen Engeln bereitet ist, wenn er sich nicht vor dem Tod ihr (der Kirche) anschließt."* (ebd., Randnummer 381)

Auch wenn man diese unglaubliche Drohbotschaft nicht ernst nimmt, bleibt es doch absurd, dass 70 oder 80 Jahre irdischen Daseins über eine ganze Ewigkeit entscheiden sollen. Genauso absurd erscheint es, dass eine unsterbliche Seele durch sterbliche Eltern geschaffen werden soll.

Reinkarnation – Urwissen der Menschheit

Viel einleuchtender ist da die Lehre von der Reinkarnation. Der Glaube an die Wiedergeburt ist so alt wie die Menschheit. Er gehört – nach dem Psychologen C.G. Jung – zu den „Archetypen" des Menschheitswissens. Mehr als die Hälfte der Menschheit hält das Gesetz von Ursache und Wirkung und den Gedanken, dass man sich mehrmals einverleiben kann, für eine völlig natürliche Sache. Er ist in allen Kulturkreisen zu finden – keineswegs nur im Osten, also z.B. im Buddhismus und Hinduismus, wie viele meinen. Die sogenannten christlichen Kirchen verurteilen die Reinkarnation als östliche Lehre – nehmen andererseits aber die Mediationstechniken der östlichen Religionen und speisen sie in ihre Institution ein. Daran wird deutlich: Die Kirche hat kein Rückgrat.

Sie liegt außerdem mit ihrer Behauptung falsch. Der Gedanke der Reinkarnation war Teil der griechischen Philosophie, bei Pythagoras, bei Platon; er war in Ägypten vorhanden, und es gab und gibt auch immer wieder große Geister und Dichter und Denker, die selbstverständlich davon ausgehen, dass wir öfters auf Erden leben dürfen, um uns zu läutern. Zur Zeit Jesu war der Reinkarnationsgedanke auch im jüdischen Volksglauben zu finden.

Der jüdische Religionswissenschaftler Schalom Ben Chorin schreibt: *„Der Gedanke der Wiedergeburt ist im Judentum der Zeit Jesu offensichtlicher Volksglaube ... So hielten die Leute Jesus für einen der alten Propheten, der wiedergekommen ist (Luk 9, 8 u. 19). Im Talmud finden sich oft merkwürdige Notizen, die auf einen Seelenwanderungs- oder Wiedergeburtsglauben schließen lassen, wie etwa die Bemerkung: ‚Mordechai, das ist Samuel'. Hier will gesagt sein, dass der Jude Mordechai, der Onkel* *der Königin Esther, eine Wiedergeburt des Propheten Samuel war ..."* [1)]

Auch in der Zeit des Urchristentums gingen noch zahlreiche Schriften von Hand zu Hand, in denen wie selbstverständlich vom Reinkarnationsgedanken ausgegangen wurde.

So z.B. in der *Pistis Sophia*, einem der apokryphen (= verborgenen) Evangelien, nach welchem Jesus im Zusammenhang mit der Rückkehr einer Seele aus dem Jenseits in einen menschlichen Körper davon spricht, dass die Seele einen „Becher mit dem Trunk des Vergessens"[2)] trinkt.

Die Verfälschung der Bibel und ihre Folgen

Diese Schriften wurden jedoch, wie viele andere, nicht in den offiziellen Kanon der kirchlichen Bibel aufgenommen. Die entstehende Machtkirche, die Jesus von Nazareth nicht gegründet hat, begann erstmals gegen Ende des 2. Jahrhunderts damit, bestimmte Texte anderen vorzuziehen. Erst Ende des 4. Jahrhunderts wurde dieser Prozess der gezielten Auswahl (Kanonisierung) abgeschlossen.

Im Jahre 383 erhielt Hieronymus (345-420), der Bibelschreiber, den Auftrag von Papst Damasus I., einen einheitlichen lateinischen Bibeltext zu erstellen. Es entstand die sogenannte Vulgata, die lateinische Bibel, die bis heute dem allzu leichtgläubigen Volk als fehlerloses Wort Gottes „verkauft" wird. Hieronymus hatte jedoch alles andere als eine einheitliche Textgrundlage. Man kennt derzeit ca. 4860 griechische Handschriften des Neuen Testamentes, von denen keine zwei im Text übereinstimmen. Theologen zählen heute ca. 100.000 verschiedene Varianten. Hieronymus, der bei seiner Arbeit etwa 3500 Stellen in den Evangelien änderte, schrieb damals an den Papst: *„Wird sich auch nur einer finden, der mich nicht ... lauthals einen Fälscher und Religionsfrevler schilt, weil ich die Kühnheit besaß, einiges in den alten Büchern, den Evangelien, zuzufügen, abzuändern oder wegzulassen?"*

Doch <u>was</u> ließ er weg, <u>was</u> fügte er hinzu? Und <u>was</u> änderte er ab? Man muss davon ausgehen, dass Hieronymus – einerseits unter dem Druck seines Auftraggebers, des Papstes, andererseits in dem Bestreben, diesem zu gefallen und in der Kurie weiter Karriere zu machen – vieles von der Lehre der frühen Christen, das noch bis zum 4. Jahrhundert weit verbreitet war und von dem auch Hieronymus wusste, unterschlug. Es geht vor allem um das Wissen von der Reinkarnation und der Präexistenz der Seele. Hieronymus wusste sehr wohl, dass die Wiederverkörperung Bestandteil der frühchristlichen Lehre war. In einem Brief schreibt er über den frühchristlichen Weisheitslehrer Origenes (185-254), dass nach dessen Lehre die Seele des Menschen *„ihren Körper wechselt"*. *(Epistula 16)* Und in einem anderen Brief findet sich die Aussage: *„Die Lehre von der Wiederkehr wurde seit den allerersten Zeiten ... verkündet als ein überlieferter Glaube"*. [3]

Ein weiteres Beispiel: Hieronymus war auch die Bedeutung der vegetarischen Ernährung im

Leben der ersten Christen bekannt. Dieser Aspekt fand ebenfalls keinen Eingang in die offiziellen Bibeltexte. Und das, obwohl Hieronymus selbst Vegetarier war und bezeugte: *„Der Genuss des Tierfleisches war bis zur Sintflut unbekannt; aber seit der Sintflut hat man uns die Fasern und stinkenden Säfte des Tierfleisches in den Mund gestopft ... Jesus Christus, welcher erschien, als die Zeit erfüllt war, hat das Ende wieder mit dem Anfang verknüpft, so dass es uns jetzt nicht mehr erlaubt ist, Tierfleisch zu essen."* [4] An anderer Stelle heißt es im gleichen Brief: *„Und so sage ich zu euch: Wenn ihr vollkommen sein wollt, dann ist es förderlich, ... kein Fleisch zu essen."* [5]

Die historische Bibelfälschung der Kirche, die in Hieronymus ihren Höhepunkt fand, hat die Menschheit in einen Abgrund geführt, der sich gerade heute immer mehr auftut. Mit der Unterschlagung dieses und anderen alten urchristlichen Wissens hat für alle Lebewesen auf dieser Erde und auch für die Erde selbst eine unvorstellbare geistige Katastrophe ihren unheilvollen Lauf begonnen, die bis in die Gegenwart unser aller Leben beeinflusst. Denn wie wäre die Geschichte wohl verlaufen, wenn ein Großteil der Menschheit gewusst hätte, dass negative Taten in diesem oder in einem weiteren Erdenleben auf den Urheber zurückfallen können, sofern dieser nicht rechtzeitig bereut und um Vergebung bittet? Hätte es dann z.B. so viele Kriege „im Namen Gottes" gegeben – oder die hemmungslose Ausbeutung der Natur, deren Auswirkungen wir heute erleben?

Reinkarnation in der Bibel

Trotz der massiven Manipulationen an den Bibeltexten ist zwischen den Zeilen noch einiges erhalten geblieben, was dem aufmerksamen Betrachter so manchen Hinweis auf die Tatsache der Reinkarnation und die Präexistenz der Seele geben kann. Vielleicht hat man diese Stellen beim „Austilgen" übersehen?

So wird im *Buch der Weisheit (Kap. 2)* geschildert, welche „verkehrten Gedanken" die „Frevler" haben, also jene Menschen, die sich von Gott abwenden. Ein solcher „verkehrter Gedanke" ist demnach der folgende: *„Unsere Zeit geht vorüber wie ein Schatten, unser Ende wiederholt sich nicht; es ist versiegelt, und keiner kommt zurück."* Im Umkehrschluss heißt das: Es ist ein „richtiger" Gedanke, dass jemand nach dem irdischen Tod wieder zurückkommen kann. Im selben Buch *(Weish 8,19)* findet sich auch ein klarer Hinweis auf die Präexistenz der Seele. Salomo, der Verfasser dieses Teils der Bibel, sagt über sich: *„Ich war ein begabtes Kind und hatte eine gute Seele erhalten, oder vielmehr: gut, wie ich war, kam ich in einen unverdorbenen Leib."*

Auch im Neuen Testament gibt es Hinweise auf die Reinkarnation. So sagt Jesus über Johannes den Täufer: *„Er ist Elia, der da kommen soll"* *(Mt 11,14)*; und später: *„Doch ich sage euch: Elia ist schon gekommen, aber sie haben ihn nicht erkannt, sondern haben mit ihm getan, was sie wollten"* *(Mt 17,12)*. An anderer Stelle fragt Jesus Seine Jünger: *„Für wen halten die Menschen mich, Jesus von Na-*

zareth, den Menschensohn?" Und Seine Jünger antworteten: „Die einen halten dich für Elias, die anderen für Jeremias oder einen anderen Propheten." (Mt 16,13f) Die Zeitgenossen Jesu gingen also als Juden davon aus, dass der Mensch mehrmals inkarnieren kann.

Im Jakobusbrief (3,6) findet sich im griechischen Originaltext sogar der Begriff „Rad der Geburt": „Die Zunge ist der Teil, der den ganzen Menschen verdirbt und das Rad der Geburt in Brand setzt." Das heißt: Wenn wir unsere Zunge nicht im Zaum halten, so setzen wir Ursachen, die weitere Einverleibungen nach sich ziehen können. Doch wer jetzt eine Bibel aufschlägt, wird eine Überraschung erleben: Der Begriff wird einfach irreführend übersetzt, von Luther z.B. mit: „die ganze Welt", oder in der Einheitsübersetzung mit: „das Rad des Lebens". (Weitere Beispiele finden sich in der Zeitschrift „Der Theologe", Nr. 2 „Reinkarnation", www.theologe.de/theologe2.htm)

Spricht man Theologen auf solche Hinweise an, so verweisen sie meist auf eine Stelle im

Hebräerbrief (9,27), die, wie sie behaupten, eindeutig gegen die Reinkarnation spreche: *„Und wie es dem Menschen bestimmt ist, ein einziges Mal zu sterben, worauf dann das Gericht folgt, so wurde auch Christus ein einziges Mal geopfert, um die Sünden vieler hinwegzunehmen; beim zweitenmal wird er nicht wegen der Sünden erscheinen, sondern um die zu retten, die ihn erwarten."* Doch gerade diese Stelle erweist sich bei genauerer Betrachtung als Fälschung mit nachträglichen Einschüben: *„ein einziges Mal ... geopfert ... Sünden hinwegnehmen..."*. Nimmt man nämlich diese Einschübe wieder heraus – und übersetzt grammatikalisch genauer –, so erscheint ein Satz mit einem vollkommen anderen Sinn: *„Und wie lange es den Menschen bestimmt ist zu sterben, nach diesem aber ein Gericht, so lange wird auch Christus erscheinen, den ihn Erwartenden zum Heile."* [6)] Das bedeutet: Solange der Mensch stirbt, solange er also an das Rad der Wiederverkörperung gebunden ist, so lange wird Christus ihm bei diesem Vorgang beistehen, sofern er sich durch ein gotterfülltes Leben auf Ihn ausrichtet. Aus einem angeblichen Beweis gegen die Reinkarnation wird durch logische Schlussfolgerung plötzlich ein weiterer Beleg <u>für</u> sie! Denn ohne den Gedanken der Wiederverkörperung hätte der Halbsatz „ ... *wie lange es den Menschen bestimmt ist zu sterben ...* " kaum einen Sinn.

Der Bannfluch gegen Origenes

Wie lebendig die Lehre von der Wiederverkörperung im frühen Christentum war, ehe sie einem Komplott der Priesterkaste zum Opfer fiel, zeigt sich exemplarisch an dem bereits erwähnten großen frühchristlichen Lehrer Origenes (185-254). Er war ohne Zweifel der bekannteste und bedeutendste Gelehrte des christlichen Altertums. Sein Wissen und Leben hat über drei Jahrhunderte den gesamten Mittelmeerraum geistig erhellt.

Origenes, genannt „der Diamantene", war beispielsweise der erste, der die Schriften des Alten Testaments und die ihm zugänglichen

Evangeliumstexte einem kritischen Textvergleich unterzog und dazu Übersetzungen in verschiedenen Sprachen miteinander verglich. Er war darin (und in vielem anderen) der Wissenschaft um etwa 1700 Jahre voraus!

Wie viele andere Urchristen wurde auch Origenes Opfer der Christenverfolgung, die Kaiser Decius im Jahre 250 über das ganze Reich verhängte. Er starb vier Jahre später an den Folgen der erlittenen Folter. Origenes wusste noch, wie alle Urchristen, um die Reinkarnation. In seinem Johanneskommentar schreibt Origenes, dass der *"Begriff der Reinkarnation durchaus einleuchtend ist."* [7] Und in seinem Kommentar zur biblischen Geschichte von Jakob und Esau heißt es: *"Wir müssen so annehmen, dass er [Jakob] aufgrund von Verdiensten eines früheren Lebens ... dem Bruder vorgezogen wurde."* [8]

Auch die Präexistenz der Seele gehörte zu dem Wissen, das Origenes verbreitete. Lassen wir einen Zeitzeugen des Origenes (185-254) sprechen. Bischof Kyrill von Alexandria berichtet: *"Denn er [Origenes] sagt, dass die Seelen vor den*

Körpern existieren und aus der Heiligkeit in böse Begierden verfielen und von Gott abfielen; aus diesem Grund habe er sie verurteilt und eingekörpert, und sie seien im Fleische wie in einem Gefängnis." [9]

Origenes lebte jedoch bereits in einer Zeit, in der die Umpolung des Urchristentums zu einer auf äußeren Ritualen und aus dem Heidentum übernommen Bräuchen aufgebauten Machtinstitution in vollem Gange war. Schon zu Lebzeiten wurde er stark angefeindet – und nach seinem Tod wurden seine Positionen immer wieder zum Gegenstand erbitterter Meinungskämpfe, wobei sogar seine Fürsprecher seine ursprünglichen Aussagen mehr und mehr aus den Augen verloren. So gibt sein späterer Übersetzer (aus dem Griechischen ins Lateinische) Rufinus (345-410) selber zu: *„Das, was den sonstigen Äußerungen des Origenes und unserem Glauben zuwider schien, habe ich nicht übersetzt, sondern als von anderen eingefügt und verfälscht übergangen"* und *„anderes zu Erläuterung hinzugefügt, was wir in anderen Büchern von ihm über die gleiche Sache klarer gesagt fanden."* [10]

Die Schriften des Origenes waren gegen Ende des 4. Jahrhunderts bereits verfälscht und wurden zudem von Kirchenvertretern systematisch vernichtet.[11] Von seinen Originalschriften existieren heute nur noch kümmerliche Reste. Dennoch verbreitete sich die Lehre des Origenes über Arius (ca. 260-336) und Wulfila (313-383) als sogenannter *Arianismus* über weite Teile Europas. Diese „Ketzerei" war der Kirche ein Dorn im Auge. Sie stachelte den oströmischen Kaiser Justinian (ca. 482-565) dazu auf, gegen die arianisch gesinnten Ostgoten in Italien Krieg zu führen und sie fast vollkommen auszurotten. Zur Vorbereitung dieses Vernichtungskriegs ließ Justinian auf einer Synode der Ostkirche 543 in Konstantinopel die Lehre des Origenes, soweit sie damals noch bekannt war, in neun martialisch klingenden Bannflüchen verbieten, die in dem Satz endeten:

„Der Bannfluch treffe Origenes ... sowie alle seine abscheulichen und fluchwürdigen sonstigen Lehren wie auch einen jeden, der solches denkt oder verteidigt

oder es in irgendeinem Punkt zu irgendeiner Zeit zu vertreten wagt."[12)]

Die Reinkarnation wurde in diesen Verfluchungen zwar nicht ausdrücklich erwähnt, wohl aber die Präexistenz der Seele und die *„Wiederherstellung aller Dinge"*, also die Lehre, dass alle Menschen und Seelen einst wieder bei Gott sein werden, dass es also keine *„ewige Verdammnis"* gibt. Damit hatte man der frühchristlichen Reinkarnationslehre den Boden entzogen. Und warum geschah das? Weil der Glaube an die Reinkarnation den Menschen von allen Dogmen und kirchlichen Gesetzen entbindet. Zehn Jahre später wurden die Bannflüche, um weitere sechs ergänzt, im Umfeld des Konzils von Konstantinopel (553) nochmals bekräftigt.

Die Folgen der Leugnung
der Reinkarnation

Damit war die Wahrheit der Himmel offiziell für längere Zeit ausgelöscht. Hätte Hieronymus das urchristliche Wissen um die Reinkarnation, das sowohl in den Schriften des Origenes als auch in apokryphen Evangelien enthalten ist, mit in die Bibel aufgenommen und dem westlichen Kulturkreis erschlossen, so wären die letzten 1700 Jahre sicherlich ganz anders verlaufen.

Die Menschheit würde ganz andere, höhere ethisch-moralische Werte im täglichen Leben verwirklichen. Denn das Wissen um Reinkarnation und um das Gesetz von Saat und Ernte schließt das Verantwortungsbewusstsein für das eigene Leben und Verhalten mit ein. Vielleicht wäre die Erde schon ein Paradies und Jesus, der Christus Gottes, hätte Sein uns angekündigtes Friedensreich schon wahrgemacht, weil die Menschen nach Seiner Lehre und nach Seinen Geboten gelebt hätten. Doch statt der Lehre von der Reinkarnation und der Liebe Gottes zu Seinen Kindern, statt der Lehre, dass Gott in jedem von uns selbst wohnt und in allen Dingen das Leben ist und dass die Erde eine Bewährungsstätte für gefallene Seelen ist – so, wie es Jesus, der Christus, Seine Jünger und somit auch uns lehrte –, wurde eine äußere Lehre voller blutrünstiger steinzeitlicher Opferkulte und die Lehre der ewigen Verdammnis und eines strafenden, grausamen Gottes von der Kirche verkündet. Das Papsttum wurde etabliert, das Christus nie wollte, und der Menschheit wurden mit Gewalt, mit Feuer und Schwert, die Fälschungen in der Bibel und auch das Papsttum aufgezwungen.

Diese Weichenstellungen, veranlasst von der herrschenden Priesterkaste und den ihr hörigen weltlichen Führern, dem Adel und den Politikern, widersprechen bis heute dem Wirken des Christus Gottes und dienen somit nicht Gott, sondern Seinen Widersachern.

Die grobe Verfälschung der Wahrheit seitens der Kirche hat zweifellos das Bewusstsein der abendländischen Bevölkerung – und über diese das Bewusstsein großer Teile der Menschheit insgesamt – nachhaltig geprägt, ja quasi vergiftet.

Das Unheil begann damit, dass die Priesterkaste das Prophetische Wort zum Schweigen brachte, das in den urchristlichen Gemeinden noch lebendig war: *„Wir haben desto fester das prophetische Wort, und ihr tut wohl, dass ihr darauf achtet als auf ein Licht, das da scheint in einem dunklen Ort, bis der Tag anbreche und der Morgenstern aufgehe in euren Herzen."* *(2 Petr 1,19)*

Die Machtergreifung der Priesterkaste und damit die Umpolung des Urchristentums in sein Gegenteil hätte wohl kaum gelingen können, wenn in den Jahrhunderten zuvor die Menschen an die Prophetie der Propheten im Alten Bund, im Alten Testament, geglaubt und wenn sie das getan hätten, was Gott durch die wahren Propheten im Alten Testament lehrte. Dann hätte die Kirche später nicht diese Macht gehabt. Aber man verfolgte seit jeher die Propheten, brachte viele um und weiteres mehr. Jetzt ist von ihnen in den Büchern der Institutionen Kirche zu lesen. Sie stehen in den Büchern – aber es wird nicht gelebt, was sie gelehrt haben. So wäre die Frage angebracht: Lehrt die Kirche das, was Jesus gelehrt hat?

Im Gegenteil: Jesus hängt in den Kirchen am Kreuz als Leichnam. Das ist nichts anderes als eine Verhöhnung des Jesus, des Christus, Dessen also, der ja uns allen den Sieg, das Leben, gebracht hat und die Auferstehung in jedem Herzen, das sich Ihm zuwendet. Das Kreuz mit Korpus, das den ersten Christen unbekannt war, dient den Gegensatzkräften als ein Symbol für Seine scheinbare, angebliche Niederlage.

Jesus lehrte die Feindesliebe; Er warnte davor, Schätze dieser Welt anzuhäufen, die Motten und Rost fressen; weder setzte Er Priester ein, noch taufte Er Säuglinge. Er lehrte auch: *„Ihr sollt niemanden ‚Vater' nennen auf Erden, denn Einer ist euer Vater, Der im Himmel ist".* Das war die Lehre des Jesus, des Christus.

Christus sprach am Kreuz: *„Es ist vollbracht."* – Es ist getan. Er hat uns Menschen das Licht des Vaters, die Kraft der Erlösung, gebracht. Was will dann noch die Kirche? Wozu dann noch die Sakramente? Wozu das Anbeten von Monstranzen, von Heiligenfiguren, das Anbeten von Reliquien, die Anrede eines Menschen als „heiliger Vater", das Küssen eines Rings, an dem so viel Blut von Menschen – und auch von Tieren – hängt? Wozu das alles, da Christus doch sprach: *„Es ist vollbracht."*?

Auch hier stellt sich die Frage: Welch eine unermessliche Schuld muss auf dieser Kirche lasten? Wie viele Kriege wären nie geführt worden? Wie viel Leid wäre der Natur und den Tieren erspart geblieben? Hätten die Lehre der Reinkarnation und die Einsicht, dass das, was der Mensch sät, auch wieder auf ihn zurückkommt, schon frühzeitig, in den ersten Jahrhunderten nach Christi Erdengang, in die Herzen der Menschen Einzug gehalten – wie würde die Erde heute aussehen? Müssten wir dann, wie heute, von der Zerstörung des Planeten sprechen?

Doch die Zeit ist gekommen, in der der Christus Gottes im Prophetischen Wort, gegeben durch Gabriele, Gottes Lehrprophetin und Botschafterin für diese Zeit, der Menschheit das Wissen um die Reinkarnation erneut geschenkt und nahegebracht hat. Seit über 30 Jahren spricht Gott, der allmächtige, gütige Vater, wieder zu Seinen Kindern. Und Er hat uns, wie Jesus es vor 2000 Jahren angekündigt hatte, durch das Prophetische Wort in alle Wahrheit geführt, so weit, wie Menschen sie verstehen können.

Die Botschaft des Christus-Gottes-Geistes für alle Menschen dieser großen Zeitenwende, Seine Lehren durch Gabriele, enthalten umfassende Antworten zu den Grundfragen unseres Daseins, z.B.: Leben wir öfter auf Erden? Wenn ja, warum und wozu? Woher kommt unsere Seele? Mit welchen Eigenschaften ist sie ausgestattet, wenn sie sich einverleibt? Und wohin geht sie, wenn sie ihr körperliches Gefährt abstreift? In welchem Zustand befindet sie sich dann? Und: Wohin führt die Reise unserer Seele? Welchem Ziel strebt sie zu?

Reinkarnation –
ein „Automatismus"?

Da der Gedanke der Reinkarnation verständlicherweise nicht in das Konzept der Kirchenlehre passt, machen kirchliche Theologen aus dem Glauben an die Wiedergeburt gewissermaßen ein Gespenst, um diesen Glauben leichter verurteilen zu können. Es handle sich, so sagen sie, um einen „Mechanismus" oder „Automatismus", der mit der Würde des Menschen und mit der Kindschaft Gottes unvereinbar sei. Dabei ist der Gedanke der Reinkarnation doch eng mit dem Gesetz von Saat und Ernte verbunden, von dem der kirchlicherseits so verehrte Apostel Paulus spricht: *„Täuscht euch nicht: Gott lässt seiner nicht spotten. Denn was der Mensch sät, das wird er ernten."* *(Gal 6,7)*.

Andersherum betrachtet: Der Mensch erntet, was er selbst zuvor gesät hat. Was uns in diesem Leben begegnet, haben wir also – möglicherweise in einem früheren Leben – selbst verursacht. Heute dürfen wir es erkennen und mit der Hilfe des Christus Gottes bereinigen. Ist das nicht eine große Gnade? Wir können dankbar sein, dass uns Gott immer wieder eine neue Chance schenkt, uns von unseren Belastungen zu befreien und zu läutern – statt, wie die Kirche behauptet, nur ein einziges Leben zur Verfügung zu haben, in dem sich ein für allemal alles entscheiden sollte.

Das Prinzip der Reinkarnation hat auch nichts mit einer „Selbsterlösung" zu tun, die etwa die Erlösertat des Nazareners überflüssig machen würde. Im Gegenteil: Die Erlöserkraft des Christus Gottes versetzt uns erst in die Lage, immer wieder mit Seiner Hilfe aufzustehen, wenn wir gefallen sind, immer wieder von innen heraus umzukehren, und uns allmählich, von Inkarnation zu Inkarnation, höher zu entwickeln, indem wir mehr und mehr Seinen Willen erfüllen.

Der Geist Gottes
wohnt in jedem Menschen

Wahres Christentum ist absolut freies Christ-Sein. Es bedeutet, Christus anzugehören, denn Er, Jesus von Nazareth, bat die Menschen, Ihm nachzufolgen. Ihm nachzufolgen heißt, Seine Lehre nicht nur anzunehmen, sondern sie auch im Alltag umzusetzen. Daraus ergibt sich eine Innere Religion, das Innere Christentum. Denn der Geist Gottes ist inwendig in jedem Menschen!

Wahre Christen sind sich bewusst, dass jeder Mensch der Tempel Gottes ist und der Geist Gottes in ihm wohnt. Weil also der Geist Gottes im Urgrund unserer Seele zu finden ist, deshalb wandern Urchristen nach innen. Sie beten nach innen zu dem Christus Gottes in ihrer Seele.

Wozu dann eine äußere Religion, ein äußeres Christentum? Wozu Kirchen aus Stein, wenn doch jeder selbst der Tempel Gottes ist und jeder Mensch zu dem Christus Gottes unmittelbar beten kann? Ein stilles, ruhiges Kämmerlein ist eventuell angeraten, um sich zu verinnerlichen, um innig zu beten – aber einer Prunkkirche aus Stein bedarf es dazu nicht. Das lehrte bereits Jesus von Nazareth. Einer Seiner Schüler, Stephanus, bezeugte es: *„Doch der Allerhöchste wohnt nicht in Häusern, die von Menschenhand gemacht sind."* *(Apg 7,48)*

Angesichts dessen müssen wir uns fragen: Warum gibt es so viele Kirchen aus Stein mit unzähligen Schätzen; weshalb gibt es so viele Dome und andere goldverbrämte sogenannte „Gotteshäuser"? Machen wir uns doch bewusst: Gott wohnt nicht in Kirchen aus Stein, sondern Er wohnt in jedem Menschen.

Die äußere Religion, die Kirchenreligion, hält den Menschen unfrei. Sie hat Satzungen, Dogmen, Riten. Sie ist eine Institution der Kulte, der Rituale, und nicht zuletzt eine Institution, die predigt, dass der Mensch, der die Rituale und die Kirchensatzungen nicht erfüllt, von Gott (!) auf ewig verdammt sei – das heißt verflucht zu unaufhörlicher Höllenpein, zu unerträglichen Folterqualen in äußerste Gottferne verstoßen.

In Gottes Reich hingegen gibt es keine ewige Verdammnis. Diese Drohbotschaft von der „ewigen Verdammnis", die einer Lehre des Hasses gleichkommt, konnte nur von den Kirchengläubigen Besitz ergreifen, weil die Kirche, indem sie das Wissen um die Reinkarnation unterdrückte, Gott gleichsam die Gnade abgesprochen und die Menschen, Seine Kinder, in das Dunkel trostloser, hilfloser Verlorenheit gestürzt hatte.

Wenn Theologen nun einwenden, die Wiedergeburt sei ein „Automatismus", und sie stehe den Kindern Gottes nicht zu, so ist das unsinnig. Denn dann könnte man genausogut sagen, die gesamte Natur sei ein „Automatismus". Wir Menschen kommen aus der Erde und gehören der Mutter Erde an, also der Natur. Wäre das Geschehen der gesamten Natur ein „Automatismus", so würde das auch auf die Reinkarnation zutreffen. Aber die ist Natur nun mal kein „Automatismus", und die Reinkarnation genausowenig – sie ist vielmehr ein „Naturgesetz", das die Freiheit einschließt, sich von Inkarnation zu Inkarnation weiterzuentwickeln und sich schließlich weitere Einverleibungen zu ersparen.

Die Natur gibt uns ein Beispiel

Denken wir an den Frühling: Der Saft kommt aus der Mutter Erde. Die Bäume schlagen aus. Sie setzen Früchte an. Der Sommer bringt sie zur Reife. Im Spätsommer, im Herbst bringt die Natur die Früchte hervor, und Spätherbst und Winter ist Ruhezeit. Diese Abläufe sind jedoch kein „Automatismus", sondern es ist ein Kommen, um sich zu entfalten, ein Sich-Zurückziehen, um wiederzukommen und erneut zu geben. Ähnlich ist es auch bei uns Menschen: Wenn der physische Körper stirbt, kann die Seele wiederkommen, um das zu erfüllen, was im ewigen Gesetz ist: das Geben und das Empfangen; das Geben geistiger Frucht und das Empfangen ewigen Lebens.

Hat nun der Mensch diese Gesetze des Lebens nicht erfüllt, so ist die Seele mehr oder weniger sogar bereit, wiederzukommen, um auf der Erde das Allzumenschliche, die Blockade des Gebens und Empfangens, abzubauen, bis sie das Geben aus dem Leben und das Empfangen des Lebens gelernt hat, so dass sie dann Schritt für Schritt ins ewige Vaterhaus zurückzukehren vermag. Das hat jedoch mit „Automatismus" nichts zu tun, sondern es ist einzig die Gnade Gottes. Und in dieser Gnade ist kein Platz für eine „ewige Verdammnis", die viele Kirchengläubige noch immer in Bann hält; sie ist aufgehoben. Somit wäre auch die Institution Kirche aufgehoben, die über Jahrhunderte versucht hat, die Seelen der Menschen durch die Verdammnisdrohung und durch den Heilsautomatismus äußerer Rituale an sich zu binden.

Wer als Katholik oder Protestant <u>nicht</u> an die Reinkarnation glaubt, müsste ja automatisch an die ewige Verdammnis glauben – denn wenn eine Seele sehr stark belastet ist, so ist sie nach der Kirchenlehre auf ewig verdammt. Aber nicht nach der Gnade Gottes! Denn die sündenbeladene Seele kann wiederkommen, um ihre Schuld Schritt für Schritt zu beheben, um frei zu werden für das Leben, das Gott ist – und um einzugehen in das Leben, das Gott ist, und somit ins Vaterhaus.

Sind wir Marionetten eines grausamen Gottes?

Woher kommt eigentlich die Seele? Nach kirchlicher Lehre wird im Augenblick der Zeugung eine unsterbliche Seele geschaffen. Doch von wem?

Die Kirchenlehre geht davon aus, dass bei der Zeugung bereits gewissermaßen Gott mitwirkt, um diese unsterbliche Seele zu schaffen. Etwas zugespitzt formuliert könnte man sagen: Die Kirche macht Gott zum Schöpfungsknecht von Menschen. Wenn zwei Menschen sich verbinden und ein Kind zeugen, dann soll angeblich in diesem Akt der Zeugung die unsterbliche Seele entstehen, weil Gott mitwirkt.

Würde jedoch Gott bei der Zeugung mitwirken, um eine unsterbliche Seele zu schaffen, dann wüsste Er, der Allwissende, ja auch, dass Er später diese unsterbliche Seele unter Umständen in die ewige Verdammnis schicken würde. – Das wäre doch ein Rachegott!

Das gilt für die katholische und die protestantische Lehre gleichermaßen. Bei der lutherischen Lehre kommt noch etwas hinzu: Luther geht davon aus, dass Gott von vornherein weiß, welche der auf diese Weise gezeugten und erschaffenen Seelen in der ewigen Hölle und welche im Himmel landen wird. Nach der Lehre Luthers existiert die Freiheit des Menschen also gar nicht wirklich, sondern dem Menschen ist vorherbestimmt, ein bestimmtes Schicksal zu durchleben, das Gott von Anbeginn kennt. – Ein grausamer Gott!

Wäre dies tatsächlich so, dann wären wir ja nichts anderes als Marionetten, die willfährig dem zu folgen hätten, was irgendein unberechenbarer Gott für uns geplant hat!

Nach der lutherischen Lehre reitet Gott gewissermaßen auf der menschlichen Seele, und Gott nimmt dieser Seele, die er völlig besitzt, die Freiheit zu einer eigenständigen Entscheidung. Deshalb ist festzustellen: Die lutherische Lehre leugnet die Freiheit und ist mit der deutschen Verfassung, die eine freiheitliche Verfassung ist, gar nicht vereinbar. Denn wer die menschliche Willensfreiheit leugnet, der leugnet auch die Freiheit, sich zwischen Gut und Böse zu entscheiden, die Gesetze Gottes – und auch die Gesetze der Menschen! – zu befolgen oder aber nicht zu befolgen.

Wäre diesbezüglich die Lehre Luthers wahr, so müsste man sich doch, schon aus dem gesunden Menschenverstand heraus, die Frage stellen: Wenn Gott für mich schon alles entschieden hat – wozu gehe ich dann eigentlich noch in diese Kirche? Dieses Dilemma ist natürlich auch den evangelischen Pfarrern bewusst; daher werden sie es auch eher verschleiern als dem Gläubigen unterbreiten. Sie müssen schließlich damit rechnen, dass Menschen den ihnen von Gott gegebenen Verstand gebrauchen.

Gerade die lutherische Lehre ist stark durch den Satz des Luther und des Paulus geprägt, dass der Glaube allein genüge, dass es also gar nicht auf ein praktisches Christentum der Werke ankomme. Aber was nützt mir mein „richtiger" Glaube, wenn ich zu dem beklagenswerten Teil der Menschheit gehöre, von dem Gott bereits weiß, dass er in der Hölle landen wird?

Paradoxien zuhauf! Und für das alles zahle ich dann auch noch Kirchensteuer – dafür, dass ich in der Hölle landen darf und es dem Höllenprediger gut geht.

Die meisten entrichten ihre Kirchensteuer, ohne zu wissen, für welch eine Lehre sie eigentlich Tribut zahlen. Und die lutherische Kirche versucht, diese krasse Lehre ihres Gründers auch mehr oder weniger zu verbrämen und zu vertuschen. Die wenigsten Protestanten wissen, welch menschenverachtende Lehre Luther mit dieser Leugnung der menschlichen Freiheit in die Welt gebracht hat.

Woher kommt die Seele wirklich?

Die Seele war ursprünglich ein unbelastetes Geistwesen im Reich Gottes. Doch dann wandten sich einige der Geistwesen von Gott ab; sie fielen ab und fielen – bildlich gesprochen – in die Tiefe. Dieser Fall entstand also durch die Auflehnung gegen Gott. Göttliche Wesen wollten allgegenwärtig sein, wollten sein wie Gott. Da es aber nur <u>einen</u> Gott gibt, <u>ein</u> Absolutes Gesetz, das alles umfasst, kann man sich im Grunde gegen Gott nicht auflehnen. Wer sich auflehnt, der fällt in die Wirkung seiner Ursachen hinein, in die Ernte seiner Saat.

So gerieten die gefallenen Wesen durch das Fallgeschehen in eine immer größere Verdichtung, aus dem Geistigen, der Feinstofflichkeit, bis hin zu einem materiellen Dasein, in eine grobstoffliche Umkleidung. In dieser materiellen Einkleidung – als Mensch – ist die Seele in ihrem körperlichen Gefährt an das Gesetz von Ursache und Wirkung gebunden, das sie letztlich selbst geschaffen hat. Solange die Seele in ihrem physischen Leib diesen Gesetzmäßigkeiten unterliegt, muss sie auch die Unordnung, die sie durch ihre Verfehlungen in die kosmische Ordnung gebracht hat, wiedergutmachen. Das ist eigentlich sehr einleuchtend und auch offensichtlich gerecht. Denn man kann nicht von Gott erwarten – wie es offenbar die Theologen tun –, dass Er die Unordnung, die die einzelne Seele durch allzumenschliches, sündhaftes Verhalten verursacht hat, einfach hinwegzaubert. Denn Gott hat Seinen Kindern die Freiheit geschenkt. Und diese Freiheit, in Verbindung mit dem Gesetz von Ursache und Wirkung, bedingt, dass ich das, was ich selbst angerichtet habe, auch selbst wiedergutzumachen habe.

Würde Gott einfach unsere Sünden von uns nehmen, was wäre gewonnen? Würde Er z.B. einen gewalttätigen Menschen friedvoll machen, also seine Schuld, das, was er an anderen verübt hat, ohne Einsicht, Reue und Umkehr dieses Menschen, von ihm nehmen – was würde passieren? Ohne eigene Einsicht und Erkenntnis würde der

Mensch sich doch nicht ändern; er würde nach kurzer Zeit dasselbe wieder tun, z.B. wieder Gewalt anwenden. Würde Gott aber den Menschen mit Seiner Kraft friedvoll halten – was wäre der Mensch dann anderes als eine Marionette?

Freiheit heißt Verantwortung

Die gottgegebene Freiheit bedeutet also gleichzeitig eine große Verantwortung für unser Leben. Und beides – Freiheit wie Verantwortung – stellt für die Kirchen eine Bedrohung dar, denn über freie und eigenverantwortlich handelnde Menschen können sie immer weniger Macht ausüben. Gott – das erkennen immer mehr Menschen – ist jedoch ein Gott der Liebe und der Freiheit und nicht ein Gott der Strafe.

Jeder Mensch entscheidet letztlich selbst über eine weitere Inkarnation seiner Seele oder den zielbewussten Heimgang ins Vaterhaus. Deshalb lehrte uns ja der Ewige durch Mose die Zehn Gebote. Deshalb kam Sein Sohn, Jesus, der Christus.

Er lehrte uns die Liebe Gottes und den Weg zurück zum Vater. In Seiner übergroßen Liebe zu uns Menschen brachte Er uns die Freiheit und das Licht. Gehen wir zu Christus! Gehen wir in unseren eigenen Tempel, um zu beten – denn jeder Mensch ist der Tempel Gottes. Beachten wir in unserem Alltag die Gebote und die Lehren Jesu – so schließen wir unsere eigene weitere Reinkarnation aus. Wir müssen uns dann nicht mehr einverleiben, denn: Wir inkarnieren nur dann erneut, wenn uns unsere Sünden wieder zur Erde ziehen.

Oftmals hört man: „Reinkarnation? Die ist nicht christlich!" Doch was <u>ist</u> christlich? Christlich ist, das zu tun, was Jesus uns lehrte. Und wenn wir <u>nicht tun</u>, was uns Jesus lehrte – denken wir an Seine Bergpredigt oder an die Zehn Gebote, die uns Gott durch Mose gab –, dann ist das <u>unchristlich</u>; es ist Sünde, und wir belasten uns. Wohin geht die Belastung? Sie geht in unsere Seele ein, und entsprechend sind unsere sogenannten Bewusstseinskleider.

Die Partikel des reinen Geistleibes können mit leuchtenden, geistigen Perlen verglichen werden. Durch gegensätzliches Denken und Handeln verschattet der Mensch diese Perlen in seiner Seele; er transformiert ihre Schwingung herunter.

Wenn wir hinscheiden, so zieht sich die Seele ganz allmählich aus unserem physischen Leib heraus. Sie nimmt diese belasteten Bewusstseinskleider mit, es sind die heruntertransformierten Bewusstseinskräfte; mit diesem Fluidum ist sie dann umhüllt. Geht nun unsere Seele wieder zur Inkarnation, dann strahlt sie nicht das reine Licht in den Körper, sondern sie strahlt diese Hüllen in den Leib – sozusagen „Schadstoffe" unserer Vorinkarnation. Diese Schadstoffe, die belasteten „Perlen", wirken sich entsprechend in unserem Körper aus, zeichnen uns, und im weiteren Verlauf prägen sie wieder die Welt unseres Denkens und der Gestaltung unseres Daseins.

Leben wir nach den Geboten Gottes und nach der Lehre des Jesus, des Christus, dann bedarf es keiner weiteren Einverleibungen. – Warum nicht? Weil die „Perlen" rein sind, weil wir heimwärts gehen. Die Reinkarnation hat doch nicht Gott geschaffen, sondern wir selbst, weil wir uns verschmutzt haben. Unsere himmlischen Partikel haben wir belastet mit unserem Sündhaften – dem Allzumenschlichen. Wir sind in die Schattenreiche menschlichen Ichs eingetaucht, anstatt uns hin zum Licht zu bewegen.

Um es noch einmal deutlich zu sagen: Es ist nicht der Wille Gottes, dass eine Seele viele Inkarnationen durchläuft. Es ist Sein Wille, dass der Mensch sich hier und jetzt, in diesem Erdenleben, so weit an Seele und Körper reinigt, dass keine weiteren Einverleibungen mehr notwendig sind.

Bedenken wir: Nicht Gott hat das Rad der Wiedergeburt geschaffen, sondern wir Menschen! Gott möchte nichts anderes, als uns, Seine Kinder, wieder bei sich zu haben.

Die Verantwortung der Eltern

Aus dem ewigen Gesetz des Lebens wissen wir: Wenn ein Kind gezeugt wird, dann nähert sich eine Seele aus dem Jenseits. Wir wissen auch, dass alles Energie ist und dass Gleiches wieder Gleiches anzieht. Die werdenden Eltern ziehen eine Seele an, die schwingungsmäßig zu ihnen passt. Das bedeutet in den allermeisten Fällen: Das Kind und die Eltern haben miteinander etwas zu bereinigen; deshalb liegt auch bei den werdenden Eltern eine große Verantwortung. Sie müssen wissen, dass sie ein Kind anziehen, das ihren Genen entspricht. Ähnliches wie das, was sie, die Eltern, in ihrem Genmaterial tragen, hat auch die Seele des werdenden Kindes in ihrer geistigen Partikelstruktur. Aufgrund dieser Ähnlichkeit kommt sie zu genau diesen Menschen, die nun die Eltern des Kindes werden.

Es kann sein, dass in Vorexistenzen das Kind z.B. Mutter bzw. Vater dieser Eltern war, dass sie als Familienmitglieder miteinander Ursachen geschaffen haben, die sie nun karmisch aneinander ketten. Diese Ketten können sie nun wieder miteinander lösen – heute, in diesem Leben, Vater, Mutter und Kind. Sobald dies geschehen ist, geht unter Umständen das Kind seiner Wege. Die Beteiligten kommen also zunächst in einer Familie zusammen, um so manches in Ordnung zu bringen, um sich von dieser Schuld zu befreien, um nach der Lehre des Lebens ihre Seele zu reinigen, und um, jeder für sich, baldmöglichst frei den weiteren Weg ins Vaterhaus fortzusetzen. – In Wirklichkeit, von der ewigen Heimat aus gesehen, sind die Eltern und das Kind nichts anderes als Brüder und Schwestern, also Geschwister; göttliche Wesen der Einheit im ewigen Sein.

Wären diese geistigen Zusammenhänge den Eltern bewusst, so würde ihnen das einen ganz neuen Bezug zu ihren Kindern geben und bestimmt auch eine völlig andere Erziehung ermöglichen. Sie wüssten dann, dass es Ähnliches ist, was sie zueinander gezogen hat, eine gemeinsame, beiderseitige Aufgabenstellung. Das wäre die Basis für ein Erziehungskonzept, das für die Eltern, aber auch für das Kind ein Durchatmen brächte. Denn die Eltern können sich von dem, was in Vorexistenzen war, befreien, ebenso das Kind. Die Seelen werden dadurch lichter, die Menschenwesen freier, und die Entscheidung wird leichter für den nächsten Schritt auf dem Weg in die Ewigkeit.

Es liegt in der Reinkarnation kein Zwang, sondern wiederum der freie Wille der Seele! Je belasteter eine entkörperte Seele ist, desto mehr zieht es die Seele zur Reinkarnation, in einen Menschenkörper. Je lichter eine Seele im Körper eines Menschen wird, desto weniger denkt die Seele nach dem Leibestod an eine Reinkarnation, sondern sie setzt alles daran, baldmöglichst in die Ewigkeit, zu Gott, zurückzukehren.

Menschen begegnen sich nicht zufällig

Was für die Beziehung zwischen Eltern und Kindern gilt, lässt sich auf das Verhältnis unter allen Menschen übertragen, die sich in dieser Inkarnation auf der Erde begegnen. Das ist ohne Zweifel ein ganz wesentlicher Aspekt der Reinkarnation: Wir treffen nicht zufällig am Arbeitsplatz, im Wohnhaus, im Sportverein ... mit bestimmten Mitmenschen zusammen. Wir haben nicht zufällig mit unserem Nachbarn Streit oder kommen mit diesem oder jenem unserer Kollegen besser oder schlechter aus. Wir begegnen uns möglicherweise jetzt erneut, um die Gelegenheit wahrzunehmen, unerledigte Aufgaben aus früheren Inkarnationen aufzuarbeiten. Wie? Indem wir unsere Mitmenschen ernst nehmen, z.B. einander zuhören, und, vor allem, indem wir uns gegenseitig verzeihen.

Allein schon, wenn ich die Möglichkeit in Betracht ziehe, dass eine besondere Antipathie gegen irgendjemanden vielleicht nicht auf dessen „unangenehmes" Verhalten zurückzuführen ist, sondern eventuell in mir aufgrund früherer Antipathien bereits angelegt ist, so gibt mir das die Chance, leichter mit meinem Nächsten Frieden zu schließen und besser mit ihm auszukommen. Je konsequenter ich meinen eigenen Anteil an den Geschehnissen suche, desto eher wird mir im Laufe der Zeit klar: Im Grunde genommen habe ich die Spur für vieles, das mir hier auf Erden begegnet, in einer früheren Inkarnation bereits selbst gelegt. Es muss sich dabei nicht um genau dieselbe Situation handeln, aber es können ähnliche negative Verhaltensweisen gewesen sein, mit denen ich anderen etwas zugefügt habe, die jetzt wieder auf mich zukommen.

Das gilt im übertragenen Sinne für ganze Völker oder Stämme, die aufeinandertreffen. Vielleicht ist mancher große historische Gegensatz – z.B. zwischen dem Islam und dem Christentum, wie er sich immer wieder im Lauf der Geschichte auftut – zurückzuführen auf uralte Kämpfe, und auf Menschen, die früher schon an diesen Auseinandersetzungen beteiligt waren und sich heute wieder gegenüberstehen?

Das Wissen um die Reinkarnation erleichtert es uns auch, nicht allzu rasch dem Nächsten die Schuld zuzuweisen und zu sagen: „Der ist so schlecht und so böse." Wir ahnen dann, dass eventuell etwas vorliegt, das über unser momentanes Leben weit hinausgeht.

Gerade für moderne Menschen könnte dies ein Zugang zur Lehre der Reinkarnation sein, denn heute ist jedem Menschen geläufig, dass keine Energie verlorengeht. Und nur bezüglich der Gedanken und Gefühle wollen wir dies plötzlich ausschließen? Sollen all unsere Gefühle, Gedanken, Handlungen einfach im Nichts verschwinden? Das Gesetz Gottes sieht es nicht so vor.

Gott ist nicht schuld!

Berücksichtigen wir, dass das, was uns in diesem Leben widerfährt, häufig Ursachen hat, die auf eine frühere Inkarnation zurückzuführen sind, so erscheint uns auch Gott in einem ganz anderen Licht. Wir werden dann nicht mehr so leicht Gott anklagen, warum uns dies und jenes „Unrecht" widerfährt, und warum es ausgerechnet uns passiert, sondern wir denken eher darüber nach, inwiefern das Schicksal, das uns jetzt trifft, vielleicht auf negative Energien zurückzuführen ist, die wir früher ausgesandt haben und die jetzt wieder auf uns zukommen.

Haben wir diese Zusammenhänge erfasst, so werden wir Gott überhaupt nicht mehr anklagen. Der Willkür-Gott, der Rache-Gott, der aus der kirchlichen Botschaft hervorgeht und der viele Priester dazu führt, dass sie bei großen Unglücksfällen den strafenden Gott als den Urheber hinstellen, der verschwindet, wenn wir uns bewusst sind, dass wir uns mehrmals auf Erden bewähren dürfen, und dass das, was uns widerfährt, ein selbstgemachtes Schicksal ist.

Das heißt jedoch nicht, dass wir die Schicksalsschläge anderer durchschauen können oder gar selbstgerecht auf sie deuten dürfen, weil sie ja „selbst verschuldet" seien. Damit würde man sich schon wieder selbst belasten, ganz abgesehen davon, dass niemand weiß, was ihm selbst in diesem Leben noch passiert.

Der Rachegott – das ist der Gott der Kirche, aber nicht der Gott des Universums, nicht der Gott der Liebe. Sehen wir Gott als den Rachegott, dann kann die Kirche uns in ihren Bann ziehen. Wenden wir uns aber dem Gott der Liebe zu, so wenden wir uns an Den, der unser Vater ist, wie alle Christen es ja im Vaterunser beten. Dann werden wir uns niemals irgendeinem Menschen oder einer kirchlichen Institution ausliefern, sondern wir gehen auf Gott in uns zu, auf einen liebenden Vater, auf den Erlöser Christus, der uns beisteht, damit wir den Weg zum Vater ins Vaterhaus finden.

Es ergibt sich weiteres Gute aus dem Wissen, dass wir unser Schicksal aus Vorexistenzen mitgebracht haben. Wir können dann nämlich erfassen, dass sich uns jetzt die Möglichkeit bietet, unsere Seele zu läutern und nach diesem Erdendasein ins Vaterhaus zurückzukehren, also ins Lichtreich, von wo unsere Seele einst ausging.

Die Folge: Es fällt uns so viel leichter, das anzunehmen, was uns widerfahren ist.

Wenn wir unser Schicksal annehmen – sprich: nicht andere dafür verantwortlich machen –, dann heißt das nicht, dass wir resignieren und uns in unser Schicksal fallen lassen sollen! Das Schicksal ist nichts Festgeschriebenes; im ganzen Leben gibt es keinen Stillstand. Gott möchte, dass wir Seine Gebote/Gesetzmäßigkeiten befolgen, damit es uns gut geht. Sobald wir uns Ihm hinwenden und uns bemühen, mehr und mehr nach Seinen Geboten zu leben, wird sich unter Umständen auch unser Schicksal wenden – dann, wenn es gut für unsere Seele ist.

Sicher, zwischendurch kommt immer mal wieder der Hader: Wir hadern mit unserem Schicksal. Wir sind ja Menschen, und wir sind nicht vollkommen. Auch wenn wir wissen, dass wir unser Geschick selbst verursacht haben, so lehnen wir uns dennoch zunächst dagegen auf. Aber mit dem Wissen um die geistigen Zusammenhänge leuchtet uns irgendwie ein, dass wir das, was wir jetzt zu erleiden haben, mit der Hilfe des Christus Gottes ablegen und unsere Seele befreien können, um ins Licht zurückzukehren als gesundes, freudiges, lichtes, vollkommenes Wesen.

Auch folgendes könnte einen geistigen Sinneswandel herbeiführen: Wir sehen plötzlich tiefer. Wir hören in die Worte unseres Nächsten hinein und vermögen ihm zu helfen. Wir riechen, schmecken und tasten mit unseren Sinnen, doch die Wahrnehmung ist zunehmend heller, ist lichter, ist freier. Die Gefühlsebene tut sich auf, und wir spüren mehr und mehr, dass in uns ein lichtes Wesen ist, das wir Seele nennen, das atmet, das immer tiefer atmet, immer freier, das uns, der Hülle, Impulse gibt: „Denk daran, jeden Tag: Bereinige, was dir der Tag an Allzumenschlichem, an Sündhaftem, vor Augen führt, und gehe an der Hand des Christus Gottes zurück ins Vaterhaus. Gehe Schritt für Schritt mit Ihm, indem du tust, was Gott will, und nicht, was ein anderer, z.B. die Kirche, will!"

Das ist doch die Freiheit! Das ist das Leben, das wir anstreben sollen. Und was heißt eigentlich Leben? Hat das, was das Leben ist, selbst eine Geburt? Hat „Leben" einen Tod? Das Leben ist doch Gott, und Gott ist ewig, und so sind auch wir das Leben in Gott – ewig.

Leben ist Gott. Und keiner kann uns das Leben nehmen, weil der Christus Gottes der Weg, die Wahrheit und das Leben ist. Wenn Er, Christus, im Allmächtigen das Leben ist – wer kann es uns nehmen?

Was mich am Nächsten erregt, liegt meist auch in mir selbst

Wir wissen, dass es keine Reaktion ohne Aktion gibt. Auf dieser Gegebenheit basiert das Gesetz von Ursache und Wirkung, auch Gesetz von Saat und Ernte genannt. Es kann z.B. vorkommen, dass wir uns über einen Menschen aufregen, den wir unter Umständen gar nicht kennen: Wir gehen auf der Straße, und es kommt ein Passant entgegen. Wir schauen ihn an, und er ärgert uns. Was liegt da zugrunde? Es können zehn Passanten an uns vorübergehen; wir sehen sie an, blicken ihnen in die Augen, und in uns tut sich nichts. Aber der elfte, der ärgert uns spontan, obwohl wir ihn gar nicht kennen. Wir werten ihn ab, oder wir spüren z.B. Neid. Was sagt hier das Gesetz der Reinkarnation? Keine Reaktion ohne Aktion! Da hier eine Reaktion vorliegt, muss folglich irgendwann eine Aktion vorausgegangen sein.

Dieser Mitmensch hat in uns etwas in Bewegung gebracht, das in uns liegt. Das können Vorurteile sein oder andere negative Gedanken, die die anderen zehn Passanten in uns nicht bewegt hatten. Warum aber erregen wir uns über den elften Passanten? Weil die Energie des heutigen Tages uns sagt: „Hier kommt jemand, mit dem du in Gedanken das bereinigen solltest, was du jetzt an Negativem über ihn gedacht hast."

Das bedeutet aber nicht, dass wir nun auf ihn zugehen und ihm das unterbreiten, sondern dass wir uns selbst eingestehen: „Hier hat mir die Tagesenergie einiges eingespiegelt. Jetzt muss ich zusehen, dass ich das, was mich so aufgebracht hat, näher beleuchte, um zu erkennen, dass ich selbst davon ein Teil bin. Dass ich in der Vergangenheit gegen einen Menschen – vielleicht nicht unbedingt gegen diesen, der mich gerade in Wallung versetzt hat – so oder ähnlich gedacht, vielleicht sogar gesprochen oder gehandelt habe."

Weshalb sollten wir nicht unserem Nächsten sagen, dass wir über ihn negativ gedacht haben? Er kennt und erspürt zumeist unsere Gedanken nicht. Sprächen wir zu ihm davon, so würden unsere Worte wiederum in ihm Gedankenaktionen hervorrufen, die weder für ihn noch für uns förderlich sind. – Vertrauen wir statt dessen auf Christus, der ebenso in uns wie in unserem Nächsten wirksam ist!

Wir haben nun die Möglichkeit, das Negative in uns zu bereinigen, indem wir es bereuen, indem wir still um Vergebung bitten und uns bemühen, gleiche oder ähnliche Gedanken nicht mehr zu pflegen. Falls solche doch wiederkommen, haben wir erneut darüber nachzudenken. Aber wenn wir sie Schritt für Schritt abbauen, wird unsere Seele lichter, und wir kommen aus dem sogenannten Rad der Wiederverkörperung heraus, um in lichteren feinerstofflichen Bereichen unseren Heimweg fortzusetzen.

Ist diese Lehre nicht wunderbar? Es ist eine Befreiungslehre aus der Liebe des Vater-Mutter-Gottes an Seine Kinder. Wie würde die Welt heute aussehen, wenn viele Menschen um diese Lehre wüssten und sie im täglichen Leben anwendeten? Es gäbe dann Menschen mit höheren, mit geistigen Werten, mit mehr Klarheit und Bewusstheit. Doch der Mensch ist brutal und kriegerisch geworden statt friedfertig. Jeder denkt nur an seine Belange; wenige sind offen für den Nächsten.

Was wir jetzt auf dieser Erde erleben, ist die Ernte dessen, was wir Menschen gesät haben. In Wirklichkeit kommt unser aller göttliches Wesen aus dem ewigen Sein und aus der Geschwisterschaft der großen Einheit. Aber wir Menschen haben diese Geschwisterlichkeit nicht angenommen. Jeder ist gegen jeden, und jeder will den anderen übervorteilen.

Wenn wir sagen: „Ich bin nicht gegen meinen Nächsten", so müssten wir uns fragen: Wie sehen unsere Gedanken aus? Sind sie nicht doch zum Teil gegen den Nächsten gerichtet? Denn auch Gedanken sind Energien, Energieformen; sie sind nicht „frei", wie es oftmals heißt. Gedanken sind Kräfte, die eine Gravur in der Seele bewirken. Und diese Gravur bestimmt den Ablauf des Gesetzes von Saat und Ernte. Was wir in unsere Seele eingravieren, zu dem werden wir – und das bringen wir als Seele wieder mit in weitere Einverleibungen, bis wir die allzumenschliche, die sündhafte Gravur bereinigt haben. Dann kommt das Geistwesen wieder hindurch, und wir können die weiteren Schritte zurück ins ewige Reich Gottes tun.

Warum greift Gott nicht ein?

Oft fragen Menschen: Warum greift Gott nicht ein? – Gott gab uns doch den freien Willen! Wie kann Er, der uns den freien Willen gab, in unseren allzumenschlichen Willen, in unsere Hartnäckigkeit, in unsere Boshaftigkeit, in unsere Zuwiderhandlungen gegen Seine Gebote, eingreifen? Wir wollen es doch so! Also greift Er nicht ein. Er gibt uns jedoch in Seiner Gnade die Möglichkeit, dem ewigen Gesetz der Liebe, der Einheit und der Freiheit näher zu kommen, und zwar durch die Bereinigung unseres Allzumenschlichen.

Betrachten wir das große kosmische Geschehen, so erkennen wir: In gewisser Weise hat Gott sehr wohl eingegriffen – zwar nicht in das Gesetz von Ursache und Wirkung, aber Er sandte Seinen Sohn, der uns die Erlösung brachte. Und was ist die Erlösung? Sie ist nichts anderes als das Licht in der Seele und somit der Schutz für die Seele, dass sie nicht immer tiefer fällt und sich auch

nicht auflöst, wie es in östlichen Religionen gelehrt wird.

Jesus, der Christus, brachte uns also durch
Seine Erlösertat den Schutz der Seele und sicherte
uns somit den Weg ins Vaterhaus. Unsere Seelen
können sich nicht mehr auflösen, weil der
Schutz des Christus Gottes da ist, weil das Licht
des Christus in unserer Seele ist, weil Er uns irgendwann wieder zurückführt – dann, wenn der
Einzelne es will.

Da Christus uns die Erlösertat gebracht hat –
wie soll dann eine ewige Verdammnis zustande
kommen? Hier kann man wiederum die Zwie-
spältigkeit der Theologen erkennen. Wie sie
sagen, hat uns Christus von allen Sünden „freige-
kauft" durch die Erlösertat. Wären aber alle Men-
schenseelen durch Sein „Vollbracht" mit einem
Mal frei geworden, wären also ohne Schuld –
warum gibt es dann in dieser Welt weiterhin die
Boshaftigkeit, die Zwistigkeiten, die Kriege, die
Morde, den Totschlag, das Gegeneinander? Warum? Das sind doch Sünden! Wir sehen also:
Jesus, der Christus, hat die Sünde nicht einfach

hinweggenommen, wie es die Kirche behauptet, sondern es war und ist anders: Er hat unseren Seelen die energetische Stütze gebracht, so dass sie sich nicht auflösen können, und Er ist in uns gegenwärtig als Licht, als Kraft, als Hilfe, damit die Seele sich reinigt und endlich als das wieder reine Geistwesen zurückkehrt in die ewige Heimat. – Also ist die ganze Kirchenlehre absurd.

Wer hingegen die Reinkarnation als Wahrheit anerkennt, der akzeptiert auch das Gesetz der Natur und das Gesetz von Saat und Ernte. Er weiß, und wir können es uns nicht oft genug bewusst machen: Die Gnade Gottes besteht darin, dass die Seele wiederkommen kann, um das zu bereinigen, was sie sich als Mensch in Vorinkarnationen auferlegt hat. Schließlich hat sie ja die Gebote Gottes und die Lehren des Jesus Christus, um frei zu werden, um das wieder zu empfangen, was die Geistwesen in sich tragen: das Geben und Empfangen, die Bewegung des Lebens.

Weshalb verneint die Kirche diese Gegebenheiten? Denken wir logisch: Befürworteten die kirchlichen Institutionen die Reinkarnation, dann würde ihr ganzes dogmatisches Kartenhaus zusammenbrechen, denn die Reinkarnation ist eine Gnade Gottes. Die Reinkarnation schließt sowohl die „ewige Verdammnis" als auch den „strafenden Gott" aus. Sie ist eine Chance für die Seele, von Belastungen frei zu werden.

Ist es vielleicht gerade dieses von Gott dem Menschen ermöglichte Frei-Werden, das die Kirchen nicht wollen? Sie wollen auf jeden Fall die Macht über die Seelen behalten, können jedoch nur Macht auf jene Menschen ausüben, die nicht zu denken wagen. Die Dogmen und Satzungen der Kirchen sperren die Seele, in der der Gottesfunke lebt, gleichsam in ein Gehäuse ein und verhindern dadurch, dass das Kind Gottes sich seinem Vater unmittelbar zuwendet. Und genau diese dogmatischen Zäune und Schranken haben es auch möglich gemacht, dass die frühchristliche Lehre der Reinkarnation von der Kirche ausradiert wurde.

Gott schenkt Freiheit –
die Kirche lehrt das „Muss"

Es gehört zum „Grundwissen" der Menschheit, dass Gott uns gnädig ist, dass Er unsere Freiheit respektiert, dass Er uns aber auch immer wieder auf die Möglichkeit aufmerksam macht, uns Ihm zuzuwenden. Doch dieser Grundgedanke der Freiheit wurde durch die Satzungen der Kirche geleugnet. Statt dessen wurde ein Angstgebäude erschaffen – und der Mensch wendet sich aus Angst vor dem angeblich strafenden Gott der Kirche zu und nicht Jesus, dem Christus, der gesagt hat, *„Kommet alle zu Mir her, die ihr mühselig und beladen seid, Ich will euch erquicken!".* (Mt 11,28) Die Kirche erquickt wohl letztlich niemanden. Es ist einzig Jesus, der Christus, der Seelen und Menschen erquickt mit der Kraft des Lebens.

Wären wir von Gott her an die Satzungen der Kirche, an die Dogmen, Riten, an Traditionen usw. gebunden, dann könnte Gott doch die Zehn Gebote und die Lehren des Jesus, des Christus, außer Kraft setzen! Denn die Satzungen der Kirche würden ja genügen. Aber die göttlichen Gebote und die Lehren des Jesus, des Christus, sprechen nicht nur <u>nicht für</u>, sondern <u>gegen</u> die Satzungen, gegen die Traditionen, gegen das ganze Lehrgebäude der Institutionen Kirche. Die Kirche sagt „du musst"; sie spricht von der ewigen Verdammnis; in den Geboten Gottes hingegen heißt es: „du sollst". Er lässt uns also die Freiheit, uns selbst zu entscheiden, und die Lehren des Jesus, des Christus, sind eine beständige Handreichung für uns Menschen, die wir in aller Freiheit annehmen dürfen.

Die Kirchengebote hingegen sind im Grunde gar keine „Gebote", sondern Zwänge. Der Gott der Freiheit aber kennt keinen Zwang. Auch in der Bergpredigt Jesu ist nicht die Spur von Zwang, geschweige denn von Drohung zu finden.

Letzten Endes schließen die Kirchen die Zehn Gebote aus. Allein mit ihrem „Muss" wenden sie sich bereits von den Geboten ab, von der Handreichung Gottes: „du sollst".

Die wahre Lehre des Jesus von Nazareth wurde von der Kirche über Jahrhunderte durch die kirchliche Obrigkeit verdunkelt und den Menschen in ihrer Tragweite und Tiefe vorenthalten. Deshalb hat Gott nochmals eingegriffen. Er hat in unsere heutige Zeit wieder einen großen Lehrpropheten gesandt. Durch Gabriele, die Botschafterin und Prophetin Gottes, wurde erneut das Urchristentum ins Leben gerufen – und durch sie fließt ein gewaltiger urchristlicher Strom in die Welt, das wahre Leben im Wort und auch in der Tat.

Wohin geht die Seele?

Wir Menschen sind verkörperte Geistwesen. Wir tragen in uns eine Seele und in der Tiefe der Seele das göttliche Wesen, das von Gott kommt. Wenn nun der physische Körper stirbt – wohin geht die Seele?

Das ist eine ganz entscheidende Frage, bei der die meisten Menschen völlig im Dunklen tappen. Lesen wir die Todesanzeigen in den Zeitungen, dann erkennen wir täglich, wie sehr die Menschheit herumirrt bei der Frage: Was kommt eigentlich nach dem Erdenleben?

Die einen meinen, man sei sofort bei Gott. Die anderen meinen, nun sei ewige Ruhe eingekehrt; schmerzlos würde der Tote fortexistieren. Vielleicht existiert er überhaupt nur mehr in den Taten, die er hier vollbracht hat, lebt fort allein im Gedenken der Nachkommen? Man weiß es schlichtweg nicht.

Durch die Gottesprophetie Gabrieles erfahren wir, was nach dem Erdenleben geschieht: Wir wechseln nur den Aggregatzustand. Die Seele lebt weiter; so, wie sie hier auf Erden gelebt hat – mit all ihren positiven und negativen Eigenschaften. Diese wird sie mitnehmen; und sie wird dann vor der Frage stehen, was sie damit macht: ob sie sich in den jenseitigen Welten weiterentwickeln will, oder ob sie erneut inkarniert, um ein neues Erdendasein zur rascheren Läuterung der Seele auf sich zu nehmen.

Die jenseitige Welt, in der sich die Seelen auf-
halten können, besteht aus teilverdichteten Son-
nensystemen, teilmateriellen oder feinerstofflichen Welten. In den feinerstofflichen Welten,
weit über unserem materiellen Kosmos, wohnen
die Seelen. Wenn nun ein physischer Körper hin-
scheidet, dann geht die Seele in eine dieser Reinigungsebenen, dieser feinerstofflichen Sonnensysteme. Entsprechend ihrer aktiven Seelenhülle,
ihrem aktiven „Seelenkleid", begibt sie sich wie
automatisch zu jenem Planeten, in dem auch
ihre Fehlhaltungen gespeichert und aktiv sind.
Von dort wird sie gleichsam angezogen.

Wie entstanden diese Reinigungsebenen, diese
feinerstoffliche Welten? Und wie entstand die
Dichte, die grobstoffliche Materie?

Gott ist Liebe, und als der Fall begann, hat Gott
den sogenannten Fallwesen Teile von geistigen
Gestirnen mitgegeben, die sich entsprechend
ummantelten. Nach der Absplitterung aus dem
ewigen Sein waren es Fallwelten; damals gab es
noch nicht die Verdichtung der Materie. In die-

sen Fallwelten hielten sich die abtrünnigen Wesen auf. Zu den Fallwesen kamen immer wieder Lichtboten und wollten sie zurückholen. Viele kehrten nicht zurück, weil sie immer noch sein wollten wie Gott, und verdichteten sich dadurch mehr und mehr. Diese fortschreitende Abkehr vom göttlichen Erbe brachte ganz allmählich die weitere Verdichtung der Gestirne hervor, die grobstofflichen Planeten, die grobstofflichen Sonnensysteme bis hin zur Materie der Erde, die der Wohnbereich der Menschen ist, der Stützpunkt der belasteten Seelen.

Der Mensch selbst ist nichts anderes als ein vielschichtiges Kleid der Seele, eine Verdichtung, die entsprechend den belasteten Seelenhüllen schillert. Deshalb sind die Charaktere der Menschen so unterschiedlich. Die ethisch-moralischen Werte des Menschen sind niedrigstes Niveau, gemessen an der höchsten Ethik des kosmischen, ewigen Seins.

Nach dem Leibestod wechselt die Seele also hinüber in die jenseitigen Bereiche. Geht sie in niedere Reinigungsebenen, weil sie sehr belastet ist, so befindet sie sich noch im Rad der Wiederverkörperung. Ist die Seele lichter geworden, so ist sie dem Rad der Wiederverkörperung entwachsen und steigt hinauf in höhere Ebenen, in die sogenannten Vorbereitungsebenen, um dort Schritt für Schritt dem Vaterhaus zuzustreben.

Jedermann weiß: Keine Energie geht verloren. Aufgrund dessen geht weder die Energie unserer positiven oder negativen Gedanken verloren noch die unserer Worte, unserer Handlungsweisen, unseres ganzen Verhaltens. Da Energien, ob positiv oder negativ, wirken, prägen wir damit entsprechend unsere Seele. Diese energetische Gravur bleibt in der Seele, auch nach dem Hinscheiden ihres physischen Leibes. Mit all diesen Prägungen ist die Seele umhüllt; wir nennen diese Umhüllungen die „Kleider" der Seele.

In den Stätten der Reinigung, die die Seele nach dem Hinübergehen aufsucht, wird als erstes das Kleid der Ordnung aktiv, das erste Kleid der Seele. Die Unordnung in uns strahlt und will behoben werden. Und dieses „Kleid", diese Belastung, wird der Seele immer wieder nahegebracht. Die Seele bewegt sich in diesem Kleid, bis ihr bewusst wird, dass sie dieses Kleid ablegen darf.

Göttliche Wesen, Brüder und Schwestern, reine Geistgeschwister, lehren die Seele und geben ihr Hilfestellung, diese verschiedenen Kleider, diese verschiedenen allzumenschlichen, sündhaften Gravuren, abzustreifen. Und je mehr die Seele mitmacht, um von diesen Kleidern in den Stätten der Reinigung frei zu werden, desto eher wird sie leichter und lichter.

Und dann entscheidet die Seele: Setzt sie ihren Reinigungsprozess in den Reinigungsebenen fort? Oder begibt sie sich noch einmal zur Inkarnation, um Restbestände ihres Sündhaften abzulegen, weil das auf der Erde unter Umständen rascher geht? Oder bleibt sie uneinsichtig und sagt: „An das, was mir hier erklärt wird, glaube ich nicht; mich zieht es zur Erde."? Zur Erde, in eine weitere Inkarnation, kann sie dann, wenn ein Menschenkörper gezeugt ist, der ihren Eingaben, ihrer aktiven Gravur, entspricht.

Wohl trägt die Seele verschiedene Kleider, verschiedene Belastungen, aber das, was aktiv ist, das zieht sie zur Erde. Für den bevorstehenden Erdengang besteht im materiellen Universum schon eine sogenannte Matrix, die sich aus den unterschiedlichen Eingaben des Menschen zusammengesetzt hat. Diese Matrize zeigt bereits das Aussehen und den Werdegang der Seele im irdischen Dasein als Mensch auf.

Daraus ergibt sich: In unserem derzeitigen Leben prägen wir unter Umständen schon den Körper und den Lebensweg unserer eventuellen zukünftigen Inkarnationen auf dieser Erde. Dies ist insbesondere dann der Fall, wenn der Mensch sich nicht der Reinigung der Seele hingibt, sondern im Zeitlichen ständig gegen das Gesetz der Liebe, der Freiheit, der Einheit, der Brüderlichkeit gleich Geschwisterlichkeit, verstößt. Dann nämlich entsteht diese Matrize: Es baut sich also im materiellen Universum energetisch ein Körper für die nächste Inkarnation auf.

Wie kommen wir heraus
aus dem Rad der Wiedergeburt?

Wie kommen wir nun heraus aus diesem Kreislauf des Sterbens, des Geborenwerdens, des Aufenthalts drüben in den Seelenreichen, des erneuten Geborenwerdens, des erneuten Sterbens? Gibt es da überhaupt kein Ende?

Doch! Was gab uns der ewige Vater durch Mose? Die Gebote. Daran können wir unser Denken und unser ganzes Verhalten messen. Stimmt es mit den Geboten überein?

Dann kam Jesus, der Christus, und schenkte uns die Kraft der Erlösung. In Seinem Leben und in Seiner Lehre brachte Er uns den liebenden Vater nahe, damit wir die Liebe lernen, die unser wahres Wesen ist. Er lehrte uns die Bergpredigt. Er gab uns Hinweise für das Leben im Erdendasein.

Die Lehre des Jesus, des Christus, ist die ideale Richtschnur für unser Denken und Leben im Alltag. Also haben wir wertvolle Maßstäbe erhalten: Die Zehn Gebote und die Lehren des Jesus, des Christus. Befolgen wir diese Hinweise Schritt für Schritt, dann reinigt sich unsere Seele.

Zunächst schlägt unser Gewissen, und wir sagen z.B.: „Ich verstoße ständig gegen das, was mich der ewige Vater gelehrt hat, verstoße gegen Seine Gebote. Ich handle auch immer wieder gegen die Lehren des Jesus, des Christus. Ich belaste meine Seele, die ruft: Befreie mich!"

Haben wir wirklich von Herzen den Wunsch, frei zu werden und an der Hand des Jesus, des Christus, ins Vaterhaus zurückzukehren, so entwickelt sich in uns die Reue. Dann bitten wir unseren Nächsten, dem wir geschadet haben, um Vergebung. Oder, wenn wir in Gedanken recht gehässig waren, bitten wir in Gedanken um Vergebung.

Haben wir etwas getan, das gegen das Leben der Tiere und der Pflanzen, also gegen die Natur, ist, dann haben wir die Pflicht, den Schöpfer um Vergebung zu bitten, denn es sind Seine Geschöpfe. Er vergibt. – Und tun wir nun Gleiches und Ähnliches nicht mehr, dann reinigt sich unsere Seele, und wir fühlen, dass wir Schritt für

Schritt Gesetze des Lebens erfüllen dürfen, z.B. die Zehn Gebote.

Ein schlichter, doch wirksamer Grundsatz könnte sein: Was wir nicht wollen, dass es uns geschieht, das sollen wir weder unserem Nächsten zufügen noch den Tieren, noch den Naturreichen. – Handeln wir entsprechend, so wird unsere Seele allmählich von ihren Belastungen frei. Die Matrize, die wir vielleicht schon geschaffen haben, löst sich dann im Kosmos allmählich auf, und wir kommen unserem Ziel, der Heimat im Licht, immer näher.

Hier zeigt sich erneut, welch ein Unsinn es ist, von einem „karmischen Automatismus" zu sprechen. Denn jeder von uns hat es selbst in der Hand, wie oft er hier auf Erden noch inkarniert. Niemand ist gezwungen, sich einer „Abtragungsmaschinerie" zu unterwerfen, wenn er das tut, was Jesus von Nazareth gelehrt hat und durch die Prophetie der Jetztzeit wiederbelebt wurde.

In der Gottesprophetie durch Gabriele wurde zu dem wichtigen Thema der „Reinkarnation" Klarheit geschaffen. In dem Buch „Ursache und

Entstehung aller Krankheiten", einer Christusoffenbarung aus dem Jahre 1986, können wir lesen: *„Eine Seele kann sich so lange einverleiben und viele Erdenleben im Menschenkleid durchwandern, bis sie durch Selbsterkenntnis und Verwirklichung und die Annahme Meiner Erlösertat den geistigen Weg der Läuterung und Reinigung ihres niederen Ichs wandelt und somit das in ihr wirkende Erlöserlicht vergrößert. Jede Seele und jeder Mensch müssen früher oder später in diesem Erdenleben oder in weiteren, oder auch als Seele in den Stätten der Reinigung, die Läuterung der Seele vollziehen, um wieder bewusst das Ebenbild des ewigen Vaters zu werden." (S. 87)*

Das heißt also: Sobald die Seele lichter ist und nicht mehr zur Reinkarnation, zur Erde, tendiert, dann kann sie sich in den Stätten der Reinigung, die im Jenseits für die Seelen bereitstehen, läutern, um Schritt für Schritt ins Vaterhaus zurückzukehren, zu ihrer ewigen Ur-Existenz, zu ihrer ewigen Ur-Heimat.

Auch hier erkennt man wieder die Handreichung des Herrn: Du „musst" nicht zur Reinkarnation, außer es zieht dich zur Reinkarnation.

Wenn nichts anderes im Seelenbewusstsein ist, als wieder Mensch zu werden, dann geht die Seele erneut ins Erdenkleid. Ist aber in der Seele ein gewisser Läuterungsvorgang vollzogen, wurde die Seele also lichter, dann fühlen solche Seelen immer weniger den Zug zur Erde. Sie sagen sich dann: „Ich kann mich auch als Seele in einer Reinigungsebene läutern", also reinigen. Allerdings ist in den Reinigungsebenen für Seelen die Läuterung um einiges schwerer und langwieriger, vor allem dann, wenn die Seele sehr belastet ist. Deshalb drängt sie vielfach wieder zur Inkarnation, weil sie als Seele im Jenseits durch Leid und Schmerz das, was sie als Mensch anderen zugefügt hat, erdulden und erleiden, in Bildern sehen und fühlen muss: z.B. wie sie ihren Nächsten behandelt hat; wie sie ihn vom Weg abgebracht hat; wie sie ihn manipuliert, beeinflusst und gezwungen hat, unter Umständen bis hin zu Mord und Totschlag. Deshalb lehrt ja Jesus, der Christus, den Frieden.

Sind solche Schuldaspekte aktiv, dann zieht es die Seele wieder zurück. Ist sie aber weitgehend erfüllt vom Leben in Christus, so wandert sie als Mensch auf dem Weg heim ins Vaterhaus. Die Schmerzen, die sie als Seele zu erdulden hatte, verspürt sie nicht mehr. Sie hat als Mensch durch die Tagesenergie erkannt, was sie bereinigen soll, und hat als Mensch bereinigt, bevor die Schmerzen, das Leid begonnen haben, bevor eine Krankheit über den Menschen hereinbrach. So läutert sich die Seele und wendet sich himmelwärts, also heimwärts, zu ihrem Ursprung.

Erkennen wir auch hier die Gnade des Herrn: Über die Tagesenergie bekommen wir Impulse – unter Umständen Monate, sogar Jahre lang, bevor irgendein Leid, eine Krankheit ausbricht –, dass wir Negatives bereuen und bereinigen sollen, so dass sich das, was in der Seele ist, rechtzeitig löst und wir dem Schicksal gar nicht zueilen, sondern wir lösen es, bevor es sich im Äußeren zeigt. Ist das nicht Gnade?

Es ist eine hoffnunggebende, optimistische Lehre und trostreiche Lehre. Sie wurde – wie schon erwähnt – von Origenes im dritten Jahrhundert gelehrt. Und auf dem Kirchenkonzil von

Konstantinopel im 6. Jahrhundert wurde diese Lehre verdammt und verflucht. Man verurteilte nicht nur die Lehre des Origenes – dass die Seele vor ihrer Geburt bereits existierte –, sondern verdammte auch seinen Optimismus: dass am Ende alles gut wird, dass alle Dinge zu Gott zurückkehren. Auch das verdammte die Kirche, um mit der Hölle drohen zu können.

Damals ist diese teuflische, folgenreiche Weichenstellung erfolgt. Und heute kommt der Gottesgeist und belehrt die Menschheit, dass die Lehre des Jesus von Nazareth eine Lehre der Erlösung von jeglichem allzumenschlichen Übel ist, eine Hinführung zu einem Denken und Leben im Geiste Gottes. Er sagt uns, dass alles wieder rein, ja „sauber", voller Licht und Kraft, so, wie Gott es geschaffen hat, wieder zu Gott zurückkehrt.

Was bewirkte Christus mit Seiner Erlösertat?

Warum ist Jesus, der Christus, gestorben?

Durch Seine Erlösertat wurde eine weitere Auflösung aller Formen verhindert. Das ist eine ganz entscheidende Botschaft, die erst durch die Prophetie unserer Tage den Menschen wieder vermittelt wird.

Christus starb nicht, wie es die Kirchen darstellen, als Opferlamm für einen zornigen Gott, sondern Er starb in Treue zu Seinem Auftrag dem Vater gegenüber, weil die Menschen Seine Botschaft nicht angenommen hatten. Um eine weitere Abwärtsentwicklung der Menschheit zu verhindern, stellte Er Seine Liebe in Form des Erlöserfunkens allen Seelen und Menschen zur Verfügung. Dadurch gab Er jedem Menschen und jeder Seele die Kraft, in Freiheit zu Gott zurückzukehren. Er hat also nicht gezaubert, hat nicht alles weggewaschen, was wir verschuldet haben, sondern Er hat uns mit Seiner Erlöserkraft die

Möglichkeit gegeben, selbst aktiv zu werden, indem wir uns Ihm zuwenden.

Die göttlichen Wesen, die sich gegen Gott gestellt hatten, wollten die Auflösung aller von Gott geschaffenen Formen, also aller göttlichen Wesen, der himmlischen Natur, der Heimatplaneten, auf denen die Geistwesen leben. Die Gegensatzwesen wollten auch die Auflösung der Dualität bewirken. Die Dualität ist die Verbindung zweier geistiger Wesen, die in Gott leben und die wiederum göttliche Wesen hervorbringen, um das Reich Gottes weiter zu beleben, um weiter aufzubauen, um weiter zu schöpfen und zu schaffen für das Reich Gottes, für die himmlische Heimat. Das alles – die Ordnung und das Gesetz des göttlichen Universums – wollten einige göttliche Wesen also auslöschen. Sie wollten die Rückführung alles Geschaffenen in den Urstrom, aus dem der Ewige geistige, göttliche, reine Formen schuf, formgewordenes, ewiges, göttliches Gesetz der Liebe. – Und warum wollten sie das? Sie wollten nicht Kinder Gottes, sondern selbst Gott, allgegenwärtig und Schöpfer, sein.

Wir könnten also sagen: Die „Erbsünde" ist die Fallsünde, die Auflösung der Formen. Und Jesus, der Christus, hat die „Erbsünde" auf sich genommen, indem Er gesagt hat: Das wird es nicht geben! Ich löse diese Erbsünde auf, indem Ich einen Teil Meines göttlich-geistigen Erbes einsetze, indem Ich jeder Seele das Licht der ewigen Heimat bringe und sie einhülle, so dass sie nicht mehr aufgelöst werden kann. – Damit hat Christus die Heimat, das ewige Vaterhaus, geschützt und jeder Seele wieder den Rückweg nach Innen, zu ihrem ursprünglichen göttlichen Wesen, geschenkt.

Seit dem „Vollbracht" des Christus Gottes auf Golgatha hat der Gegenspieler Gottes, der Dämon, sein frevlerisches Spiel verloren. Christus war der Retter, und Er ist der Retter bis auf den heutigen Tag: Die göttlichen Wesen und die Schöpfungsgaben Gottes, die himmlischen Seinsformen, aus Seiner Liebe gegeben, können seit der Erlösertat des Jesus, des Christus, nicht mehr aufgelöst werden. Dafür hat Er einen Großteil Seines göttlichen Erbes eingesetzt, das seither als

Lichtfunke in unserer Seele ist. Dieser Lichtfunke schützt das göttliche Wesen in uns, die Seele.

Christus hat unsere Sünden nicht einfach hinweggenommen. Er hilft uns jedoch, diese unsere Sünden zu erkennen, zu bereuen, zu bereinigen und nicht mehr zu tun. Er hilft uns – jedem Einzelnen –, indem Er uns immer wieder lehrt, die Gebote Gottes zu beachten, Seine Lehren, die Bergpredigt, in der Tiefe zu erkennen und anzuwenden, um auf diese Weise rein zu werden, wieder zurückzukehren zum Ursprung, in die ewige Heimat. Christus nachzufolgen im Denken, Reden und Tun, uns Ihm, dem Geist des Inneren im Gebet zuzuwenden und die Kommunikation mit Ihm aufzunehmen, das bedeutet Innere Religion. Innere Religion, Inneres Christentum, heißt also, die Tage im Sinne des ewigen Geistes zu nützen, Gott die Ehre zu erweisen und somit Seinen Willen zu tun.

Das Gebet der Einheit, das Vaterunser, beginnt mit den Worten: *„Vater unser, der Du bist im Himmel, geheiligt ist Dein Name. Dein Reich kommt* *und Dein Wille geschieht, wie im Himmel, so auch auf Erden."* – Das ist absolut gesprochen von Jesus, dem Christus. Damit hat Er uns gesagt: Du kehrst wieder zurück zu Gott durch das Wirken des ewigen Vaters, durch Seinen Sohn, durch die Erlösung.

Wir alle gehen wieder zurück zum Vater, von dem wir ausgegangen sind, denn in jedem von uns ist ein lichtes Wesen. Dieses kehrt zurück ins Vaterhaus. Denn Gott schafft keine Seele; Er schuf das Lichtwesen, das tief in der Seele ist. Die Seele reinigt sich, sie läutert sich, und was tritt mehr und mehr hervor? Es entpuppt sich das Lichtwesen.

Jeder von uns ist der Tempel Gottes. Gott wohnt in uns. Je mehr wir Gottes Willen erfüllen, indem wir Seine Gesetzmäßigkeiten des Lebens, die Gebote und die Lehren des Jesus, des Christus, erfüllen, desto mehr nähern wir uns unserem himmlischen Vater, desto konsequenter gehen wir an der Hand unseres Erlösers – heraus aus dem Rad der Wiederverkörperung, hin ins

Lichtreich, hin zu Gott, zu Dem, Der uns vor Ur-Ewigkeit geschaut und geschaffen hat!

Es ist für uns Menschen sehr tröstlich, dass nach dem Erdenleben – sofern man die Gebote und die Gesetzmäßigkeiten Gottes befolgt hat – die Seele die Heimreise antreten kann, denn auch Christus hat uns schon sinngemäß verheißen: *„In meines Vaters Haus hat es viele Wohnungen. Wenn es nicht so wäre, hätte ich euch dann gesagt: Ich gehe, um einen Platz für euch vorzubereiten? Wenn ich gegangen bin und einen Platz für euch vorbereitet habe, komme ich wieder und werde euch zu mir holen, damit auch ihr dort seid, wo ich bin."* (Joh 14,2)

Die Wohnungen in der Heimat stehen also frei; unsere geistigen Familien erwarten uns. Sie sehnen sich nach uns; sie sehnen sich nach der großen kosmischen Einheit im Vaterhaus. Und das Vaterhaus ist das unendlich große Reich Gottes! Die Gotteskraft strahlt zu uns; deshalb kamen immer wieder die Propheten und lehrten die Menschen: *„Kehrt um! Wendet euch Gott zu. Gott ist Liebe. Der Vater liebt euch. Er liebt Sein geschaffenes Kind!"*

Er wäre doch ein grausamer Gott, wenn Er uns bestrafen oder gar in die ewige Verdammnis schicken würde! Doch nein – Er ist unser Vater, der uns liebt. Nur <u>wir selbst</u> können uns gleichsam verdammen. Wodurch? Indem wir uns in dunkle Bereiche des Daseins begeben, in die Gottferne – durch unsere eigenen finsteren Gedanken, Worte und Werke, die in Gegensatz stehen zum Gesetz des Lebens, zu unserem wahren göttlichen Erbe, das selbstlose Liebe ist. Aber auch diese selbstverschuldete Finsternis wird niemals ewig sein, denn eine ewige Verdammung gibt es nicht! Es gibt vielleicht ein langes Schattendasein, sofern wir die Schatten bevorzugen. Aber Gott ist Licht! Licht ist Liebe, und Liebe ist Wärme – das ist Gott, unser Vater! Er ist der Vater-Mutter-Gott. Er liebt uns und ruft uns. Er hat uns Seinen Sohn, den Mitregenten der Himmel, geschickt, um uns die Teilkraft der Ur-Kraft, einen Teil Seines göttlichen Erbes, zu geben, damit wir eine Stütze haben auf dem Weg heim in die Ewigkeit. Und diese Stütze ist Christus, unser Erlöser, das Licht der Erlösung in uns.

Viele Menschen haben Angst, zu sterben – warum? Letztlich ist es weniger die Angst vor dem Sterben an sich, sondern sie haben, unterbewusst, Angst vor ihrer eigenen Sünde. Denn wenn sich die Seele allmählich aus dem hinscheidenden Körper herauszieht, dann wird so manchem Menschen klar, was er gegen sein wahres Leben, gegen sein geistiges Erbe, verursacht hat. Darin wurzelt die Angst vor dem Hinscheiden, vor dem Sterben.

Allen unseren Mitmenschen, die unsere Brüder und Schwestern sind, möchten wir sagen: Halt, Sicherheit und Hilfe sind nicht im Äußeren zu finden! Und schon gar nicht in den scheinchristlichen Institutionen Kirche. Deshalb: Heraus aus den Steinhäusern, die sich Kirchen nennen! <u>Sie selbst</u> sind doch der Tempel Gottes! Und wenn in Ihnen Gott leuchtet, wenn in Ihnen das göttliche Wesen ist, wenn Sie Erbe des Reiches Gottes sind, was sollten Sie dann tun? Beten – und die Inhalte Ihres Gebetes leben. Dann erfüllt sich, was in Ihrem Herzen geschrieben steht: Sie sind ewiges Leben, geschaut vom ewigen Vater, der Sie liebt, der Sie ruft, der Seinen Sohn sandte, unseren göttlichen Bruder, auf dass wir verstehen lernen: Die göttliche Kraft ist in uns, und wir – jeder von uns – sind der Tempel Gottes. Tief in unserer Seele ist das große, göttliche Wesen.

Je reiner wir werden, desto leichter werden wir hinscheiden, wenn unsere Stunde gekommen ist, weil wir spüren: Christus nimmt uns an der Hand und führt uns Schritt für Schritt ins Vaterhaus. Vorbei ist es mit den Inkarnationen – es geht geradewegs zurück ins Reich Gottes!

Quellen

1) Bruder Jesus, dtv-Taschenbuch, München 1977, S. 25

2) Das Evangelium der Pistis Sophia, herausgegeben von C.M. Siegert, Bad Teinach-Zavelstein 1991, 2. Auflage, S. 234

3) K.O. Schmidt, „Kehret wieder Menschenkinder", 1970, S. 42

4) Lib. I, Adversus Jovinian

5) Jovinianum II, 6

6) H. Bauer, „Wiedergeburt", 2. Aufl. 1998, S. 127

7) Origenes, Joh. Komm. VI, 13.74

8) Origenes, Peri Archon, II,9,7

9) H. Bauer, „Wiedergeburt", 2. Aufl. 1998, S. 145

10) ebenda, S. 142

11) Robert Sträuli, „Origenes, der Diamantene", Zürich 1987, S. 317

12) ebenda, S. 335

Weitere Bücher

Der Zeitgenosse Tod

Das Leben und Sterben, um weiterzuleben
Jeder stirbt für sich allein

Dieses Buch geht jeden an, der von der Angst vor dem Tod zum bewussten Leben finden möchte. Denn: „Wer sein Leben zu verstehen lernt, fürchtet sich nicht mehr vor dem Tod." Der Leser findet Erläuterungen über bisher unbekannte Zusammenhänge von Leben und Tod, über den Zustand und das Befinden der Seele in den verschiedenen Situationen des Sterbens und über das, was die Seele eines Menschen nach seinem Hinscheiden „drüben", im Jenseits, erwartet.

176 S., kart., Euro 12,80
Best.-Nr. S 368. ISBN 978-3-89201-335-8
Auch als Hörbuch: 4 CDs. *Euro 14,90*
Best.-Nr. D 808. ISBN 978-3-89201-335-8

Dein Leben im Diesseits
ist Dein Leben im Jenseits

Wie wird es sein, drüben? Im Jenseits gibt es lichte, feine Welten, aber auch düstere Bereiche des Leids. Unsere Seele wird durch Sterben weder dunkler noch lichter. Jeder Mensch bestimmt - durch sein Denken, Fühlen, Wollen - selbst, wie sein Leben im Jenseits sein wird.

136 S., kart., Euro 10,00
Best.-Nr. S 316. ISBN 978-3-89201-261-0